LAS *Mujeres* DE LA BIBLIA NOS *Hablan*

LIBRO DE COLOREAR

TAMBIÉN DE SHANNON BREAM

Las mujeres de la Biblia nos hablan

Las madres e hijas de la Biblia nos hablan

Penguin
Random House
Grupo Editorial

Título original: *The Women of the Bible Speak Coloring Book:*
Color and Contemplate

Primera edición: abril de 2024

Esta edición es publicada bajo acuerdo con Harper Design,
un sello de HarperCollins Publishers.

Copyright © 2023, FOX News Network, LLC
Copyright © 2024, Penguin Random House Grupo Editorial USA, LLC
8950 SW 74th Court, Suite 2010
Miami, FL 33156

Traducción: María José Hooft
Ilustraciones de cubierta e interiores: Hazel Karkaria

A menos que se indique lo contrario, todas las citas bíblicas son tomadas de la Santa Biblia, NUEVA VERSIÓN INTERNACIONAL® (NVI®)
© 1999, 2015 por Biblica, Inc.®, Inc.® Usado con permiso de Biblica, Inc.® Reservados todos los derechos en todo el mundo. Otras versiones
utilizadas son: Reina Valera Contemporánea (RVC) Copyright © 2009, 2011 por Sociedades Bíblicas Unidas y Reina-Valera
1960 ® © (RVR60) Sociedades Bíblicas en América Latina, 1960. Renovado © Sociedades Bíblicas Unidas, 1988. Utilizado con permiso.

Impreso en Colombia / *Printed in Colombia*

ISBN: 978-164473-937-2

24 25 26 27 28 10 9 8 7 6 5 4 3 2 1

ORIGEN es una marca registrada de Penguin Random House Grupo Editorial

BIENVENIDA

A través de las páginas de la Biblia, Dios pone el foco en las mujeres que fueron piezas claves en el desarrollo de su plan. Cada mujer de la Biblia es singular. Tan solo piensa en el corazón guerrero de Jael y Débora, la perspicacia de Sara y Agar, la firme esperanza de Raquel y Lea, la devoción de Tamar y Rut, el coraje de Ester y Rajab, y la voz profética de Miriam y Ana. O medita sobre la forma en que Jesús respaldó la fe de María y Marta de Betania, de María Magdalena y de su propia amada madre, María de Nazaret.

Algunas de estas mujeres fueron valientes y creyentes desde el comienzo. Otras se sintieron abrumadas e inseguras ante la tarea que Dios les había asignado. Algunas tenían una gran posición de poder, mientras que otras eran marginadas. Algunas eran devotas, pero otras llevaban una vida de fracaso. Cada mujer nos recuerda que, sin importar si nos vemos como débiles, incapaces, sin fe o con miedo, Dios siempre tiene un plan para todos.

Ya sea que te encuentres ahora mismo en la cima de la montaña o arrastrándote por un valle doloroso, Dios está entretejiendo tu historia junto con su plan, que es mayor. A través de su Palabra se nos señalan estas mujeres, que nos darán inspiración y aliento para nuestras vidas.

SARA

*Bendeciré a los que te bendigan y maldeciré
a los que te maldigan; ¡por medio de ti serán
bendecidas todas las familias de la tierra!*

GÉNESIS 12:3

Sara y Abraham luchaban por creer que Dios les daría un hijo. Ante el anuncio de que Sara quedaría embarazada, la anciana de noventa años se echó a reír (Génesis 18:12). Ella había intentado lo suficiente y había esperado lo suficiente como para perder toda esperanza.

Sin embargo, Dios tuvo misericordia de Sara, y nueve meses después dio a luz un hijo. Entonces ella se convirtió en una figura clave, una "madre de naciones" (Génesis 17:16). Todo el mundo literalmente fue bendecido a través de su vida. La historia de Sara nos recuerda que nada es imposible para Dios. Así como lo impensable finalmente se hizo realidad para ella, ¡también puede serlo para ti!

*A pesar de nuestros defectos, nuestro Padre celestial nos puede
usar para cumplir sus propósitos superiores.*

TODAS LAS FAMILIAS DE LA TIERRA SERÁN BENDECIDAS A TRAVÉS DE TI

AGAR

Como el Señor le había hablado, Agar le puso por nombre "El Dios que me ve", pues se decía: "Ahora he visto al que me ve".

GÉNESIS 16:13

En tanto esclava, Agar era tratada como una propiedad y no como una persona. Fue obligada a convertirse en concubina de Abraham, y desde el momento en que quedó embarazada, fue muy maltratada y, entonces, se escapó.

Dios le envió un ángel porque había visto su sufrimiento. El ángel le dijo que volviera con Sara y le sirviera. A través de este acto de obediencia, Dios multiplicaría grandemente la descendencia de Agar (Génesis 16:10).

Ella dijo: "Tú eres el Dios que me ve […] Ahora he visto al que me ve" (Génesis 16:13). Agar ya no era ignorada, ahora era perfectamente vista y conocida. Su historia nos enseña que, cuando te sientas más invisible, nunca debes olvidar que: los ojos y el favor de Dios están siempre sobre ti.

El "Dios que me ve" es el Dios que no mira con los ojos de este mundo, sino con los del cielo.

RAQUEL

Pero Dios también se acordó de Raquel;
la escuchó y le quitó la esterilidad.

GÉNESIS 30:22

Raquel experimentó una unión hecha en el cielo, literalmente. En cuanto Jacob la vio, se enamoró perdidamente de ella. Todo parecía perfecto hasta que Labán, el padre de Raquel, engañó a Jacob para que se casara con Lea, la hermana mayor de Raquel. Para Jacob, el tiempo que le dio su suegro de siete años extra de trabajo arduo para ganarse la mano de Raquel, le parecieron solo unos pocos días.

Mientras Lea le daba hijos a Jacob, Raquel observaba con agonía. Estaba obsesionada con quedar embarazada, y sus celos la llevaron a tomar medidas extremas. Finalmente, Dios le dio muchos hijos propios —no por su astucia, sino por sus fervientes oraciones— y ten por seguro que Él también escucha las tuyas.

Lo que ocurrió en su vida a menudo también sucede en la nuestra.
Todos en algún momento experimentaremos un duelo, una pérdida
o una situación que escapa a nuestro control.

LEA

Lea volvió a quedar embarazada y dio a luz un cuarto hijo, al que llamó Judá, porque dijo: "Esta vez alabaré al Señor". Después de esto, dejó de dar a luz.

GÉNESIS 29:35

A pesar de ser la hermana mayor de Raquel, Lea se sentía siempre en segundo plano. Mientras que la deslumbrante Raquel era descrita como hermosa, la indeseable Lea era retratada como la de "ojos bonitos" (Génesis 29:17). Su padre, Labán, había engañado a Jacob para que se casara con ella.

Dios vio su sufrimiento y tuvo gran misericordia. Lea dio a luz al primer hijo de Jacob, Rubén, gracias a lo que el Señor había hecho por ella. Luego dio a luz a tres más: Simeón, porque Dios la había "escuchado"; Leví, que representaba su anhelo de unirse a Jacob; y Judá, con el cual declaró: "Alabaré al Señor" (Génesis 29:32-35). Su historia nos recuerda que, incluso en nuestra aflicción, Dios nos ve, nos oye y nos da motivos para alabarlo.

Las personas que nos obligan a enfrentarnos a circunstancias difíciles pueden ser también las mismas que nos empujan a una relación más profunda con Dios.

TAMAR

*Judá los reconoció y declaró: "Su conducta
es más justa que la mía, pues yo no la di por esposa
a mi hijo Selá". Y no volvió a acostarse con ella.*

GÉNESIS 38:26

Tamar fue dada en matrimonio a Er, y luego a su hermano Onán. Ambos eran tan espantosos que Dios les quitó la vida. La responsabilidad de cuidar a Tamar recayó en su suegro, Judá, pero él la echó. Ella se quedó sin esperanza ni futuro, excepto ser una sirvienta en la casa de su padre hasta el día de su muerte. Pero Tamar se negó a rendirse.

Ella ideó un plan para exponer los fracasos de Judá, engañándolo para que se acostara con ella. Cuando él se dio cuenta de todo el mal que había hecho, declaró: "Ella es más justa que yo…" (Génesis 38:26). El coraje de Tamar la convirtió en parte del linaje de Jesucristo, recordándonos que Dios es experto en sacar algo bueno de nuestro desastre.

*Dios siempre está trabajando en cada una de nuestras
historias, y puede no solo curarnos, sino también utilizar nuestra
fragilidad humana para llegar a un fin milagroso.*

RUT

Pero Rut respondió: "¡No insistas en que te abandone o en que me separe de ti! Porque iré adonde tú vayas y viviré donde tú vivas. Tu pueblo será mi pueblo y tu Dios será mi Dios".

RUT 1:16

Rut conocía la angustia y el desconsuelo. Su marido y su cuñado, junto con su suegro, todos murieron de una vez. Rut, su suegra Noemí y su cuñada Orfa, se convirtieron en un trío de viudas afligidas con escasas perspectivas de futuro.

En vez de convertirse en víctima, ella tomó la audaz decisión de dejar todo lo que conocía para seguir a Noemí hacia lo desconocido. "…iré adonde tú vayas y viviré donde tú vivas" (Rut 1:16). Pronto conoció a Booz, quien se casó con ella, y juntos comenzaron una nueva vida. Noemí, Rut y Booz construyeron una familia de elección, que se ramificó en el árbol genealógico que lleva a nuestro Salvador, recordándonos que Dios se especializa en situaciones imposibles.

Incluso cuando las opciones parecen estar fuera de nuestro alcance, Dios siempre teje lo inesperado.

EL REGALO DE RUT

Las mujeres decían a Noemí: "¡Alabado sea el Señor, que no te ha dejado hoy sin un redentor! ¡Que llegue a tener renombre en Israel!".

RUT 4:14

La historia de Rut es algo más que la bonita historia de una joven que tuvo su final feliz. Su aceptación en la familia de Israel le habló al pueblo de Dios sobre su propia inclusión en la familia de Dios.

Rut decidió abandonar a su pueblo y sus dioses, lo mismo que el pueblo gentil eligió abandonar a los suyos. Ella, al igual que Abraham, se convirtió en un poderoso símbolo de las riquezas que les esperan a aquellos que optan por dar un paso en fe y dejan atrás la comodidad en favor de lo espiritualmente desafiante.

Cada una de nosotras debe escuchar y estar dispuesta cuando su llamado inesperado llega a nuestras vidas.

DÉBORA

Entonces Débora dijo a Barac: "¡Adelante!
Este es el día en que el Señor entregará a Sísara
en tus manos. ¿Acaso no marcha el Señor al frente
de tu ejército?". Barac descendió del monte Tabor,
seguido por los diez mil hombres.

JUECES 4:14

Débora fue una profetisa y jueza que gobernó durante un tiempo muy oscuro. Ella vio la grave situación en que estaba su pueblo y decidió actuar convocando al guerrero Barac. Le ordenó que reuniera a sus hombres en el monte Tabor, junto con otros diez mil, porque Dios había planeado darles la victoria.

Débora dijo la verdad con confianza. No trató de minimizar la realidad de la situación ni intentó conocer todos los detalles. Simplemente decidió creer en la fidelidad de Dios. Sabía que Dios iba delante de ella, así como también va delante de ti. Gracias a su valentía, el pueblo de Dios tuvo una victoria aplastante y hubo paz en toda la tierra durante décadas.

No nos toca intentar suavizar los planes perfectos de Dios.
Simplemente Dios nos llama a seguir su ejemplo y dejarle el resto a Él.

EL CÁNTICO DE DÉBORA

El torrente Quisón los arrastró;
el torrente antiguo, el torrente Quisón.
¡Marcha, alma mía, con vigor!

JUECES 5:21

Débora no solo era una líder poderosa que dirigió la derrota milagrosa del enemigo que oprimía a su pueblo, sino que también era una talentosa escritora de canciones y cabecilla de alabanza. Después de la victoria, Débora (junto con Barac) recita una de las composiciones poéticas más extensas de la Biblia. Ella canta la historia de las guerras de Israel y el poder de Dios luchando por su pueblo.

La Canción de Débora nos llama a alabar a Dios y a entregarnos a Él. Nos desafía a recordar que tenemos el respaldo de un Dios invencible. Con Él podemos avanzar sin importar a lo que nos enfrentemos.

La valentía de Débora radica en que su corazón
estaba tan estrechamente alineado con el de Dios que no
puso en duda su dirección.

JAEL

Con Dios obtendremos la victoria;
¡él aplastará a nuestros enemigos!

SALMOS 108:13

Cuando Débora le ordenó a Barac que reuniera a sus hombres y fuera a la batalla, él titubeó. Esa reticencia le costó una parte de la victoria. Débora profetizó que otra mujer eliminaría a Sísara, el líder opositor. Esa mujer era Jael.

Cuando Sísara llegó a casa de Jael, ella lo tranquilizó. Luego, con valor, le clavó una estaca de la tienda en la sien. Jael no solo cumplió una de las profecías de Débora, sino que también mató a un hombre que había oprimido cruelmente a los israelitas durante veinte años. Sus acciones coronaron una inesperada y trascendental victoria de Israel, que lanzó a su pueblo a una nueva era de paz.

En las batallas que Él nos pone delante, espera que luchemos
como lo hizo Jael, con las armas que tenemos.

ANA

No, mi señor; no he bebido vino ni cerveza.
Soy solo una mujer angustiada que ha venido
a desahogarse delante del Señor.

1 SAMUEL 1:15

Ana ansiaba tener un hijo propio. Para empeorar las cosas, su rival, Penina, se burlaba de ella por no tener hijos y la dejaba llorando desesperada. En su angustia, se volvió al Señor y le volcó su corazón en oración. Incluso prometió entregar a su primogénito para que sirviera a Dios.

Poco después quedó embarazada y tuvo un hijo. Lo llamó Samuel, que significa "Dios ha escuchado". Cuando se trata de orar, nunca tenemos que contenernos ante Dios. No tengamos temor de desahogarnos, sabiendo que Dios nos escucha y nos abraza con ternura.

Dios siempre está esperando nuestras oraciones, incluso cuando no encontramos las palabras para expresar nuestro dolor más profundo.

LA FE DE ANA

Al día siguiente madrugaron y, después de adorar al Señor, volvieron a su casa en Ramá. Luego Elcaná se unió a su esposa Ana, y el Señor se acordó de ella.

1 SAMUEL 1:19

Dios conocía cada detalle, por más delicado y penoso que fuera, de la vida de Ana. Él había visto su dolor y su anhelo, sus años de angustia y los crueles insultos de los demás por no poder tener hijos. Pero también vio la fe de Ana. Sus oraciones eran tan vulnerables y apasionadas que llamaron la atención en el tabernáculo. Aun así, Ana lo arriesgó todo. Pero Dios se acordó de ella y un día quedó embarazada.

Esta poderosa mujer de fe vio crecer a Samuel, su hijo largamente esperado, hasta convertirse en un profeta, uno que sirvió a Dios y que un día ungiría al rey David para guiar a su pueblo.

Dios confunde al mundo obrando a través de personas que no son las más fuertes ni las más habilidosas, dirigiendo la gloria hacia donde corresponde: hacia Él.

EL SEÑOR SE ACORDÓ DE ELLA

MIRIAM

Por eso, no temeremos aunque se desmorone la tierra
y las montañas se hundan en el fondo del mar.
SALMOS 46:2

El faraón ordenó que cada niño hebreo nacido debía ser arrojado al río Nilo para morir. Pero los padres de Moisés escondieron a su hijo, negándose a obedecer el edicto. Su madre lo colocó en una cesta entre los juncos. Miriam, su hermana mayor, se quedó a ver qué sucedía.

Cuando la joven Miriam vio que la hija del faraón había descubierto la cesta, se adelantó y ofreció a su propia madre para criarlo. La idea de Miriam fue una genialidad inspirada. A través de su valentía, Moisés y su madre volvieron a estar juntos, y finalmente él pudo liberar al pueblo de Dios. Pequeños actos de valor pueden cambiar el mundo.

Lo que finalmente sería la milagrosa liberación de su pueblo
comenzó con las acciones valientes de una joven.

NO
TEMEREMOS

EL CÁNTICO DE MIRIAM

Miriam les cantaba así:
"Canten al Señor, que se ha coronado de triunfo
arrojando al mar caballos y jinetes".

ÉXODO 15:21

A la hermana de Moisés la llamaban "Miriam la profetisa", un título que muy pocas mujeres recibieron en la Biblia. Después de haber ayudado a salvar a su hermano en la orilla del Nilo, vio cómo Dios lo levantaba para liberar a los israelitas. Como una ávida defensora del liderazgo de su hermano, vio a Dios obrar milagro tras milagro.

Cuando los israelitas cruzaron el Mar Rojo, ella tomó un timbal. Todas las mujeres la siguieron con timbales y danzas, expresando alabanzas a Dios. Miriam entonó: "Canten al Señor, que se ha coronado de triunfo arrojando al mar caballos y jinetes" (Éxodo 15:21). Proclamó la excelencia y la fidelidad de Dios con júbilo y celebración. ¡Y nosotras también podemos hacerlo!

Moisés y todo el pueblo acabaron de cantar una extensa
canción de regocijo, pero fue Miriam la que tomó un instrumento
musical para convertir toda su alegría en danza.

Canten al Señor, que se ha coronado de triunfo

ESTER

*Si ahora te quedas absolutamente callada,
de otra parte vendrán el alivio y la liberación para
los judíos, pero tú y la familia de tu padre perecerán.
¡Quién sabe si precisamente has llegado al trono
para un momento como este!*

ESTER 4:14

El rey Asuero dio una gran fiesta, y cuando su esposa se negó a presentarse, él organizó un concurso de belleza para encontrar una nueva esposa. Ester ganó ese concurso, pero Dios la estaba posicionando para algo mayor.

Con las vidas del pueblo judío pendiendo de un hilo, ella descubrió que tenía la influencia para salvarlos. Su primo Mardoqueo la desafió: "¡Quién sabe si precisamente has llegado al trono para un momento como este!" (Ester 4:14). En respuesta, Ester dio un audaz paso al frente y salvó al pueblo judío apelando al rey. Al igual que Ester, Dios nos coloca a cada una de nosotras en una posición para "momentos como este".

No podemos saber cuándo Dios nos llamará a una tarea que sentimos que está más allá de nuestros límites humanos, pero la historia de Ester es la ilustración perfecta de cómo Él nos equipa a lo largo del camino que nos conduce a esos momentos.

EL PEDIDO DE ESTER

Ve y reúne a todos los judíos que están en Susa, para que ayunen por mí. Durante tres días no coman ni beban ni de día ni de noche. Yo, por mi parte, ayunaré con mis doncellas al igual que ustedes. Cuando cumpla con esto, me presentaré ante el rey, por más que vaya en contra de la ley. ¡Y, si perezco, que perezca!

ESTER 4:16

Ester sabía que acercarse al rey sin ser invitada, para intentar rescatar al pueblo judío, era algo ilegal y se castigaba con la muerte. Así que convocó a todos los judíos a ayunar tres días a favor de ella. Reconoció que esta tarea era más grande de lo que ella sola podía lograr y que todo dependía de Dios.

En nuestros momentos de mayores crisis espirituales, también podemos tenderles la mano a nuestros hermanos y hermanas de todo el mundo y encontrar el poder, el amor y el apoyo de Dios que se desatan a través de la oración.

No tenemos que entender de física para conocer el poder de la gravedad, y no siempre tenemos que entender los misterios de este asombroso don que Dios nos ha dado, la oración, para saber que funciona.

RAJAB

Cuando lo supimos, nuestro ánimo decayó. Por culpa de ustedes, ya no les queda ánimo a nuestros hombres, pues el Señor es Dios en los cielos y en la tierra.

JOSUÉ 2:11 RVC

Cuando los espías de Josué se presentaron en la puerta de Rajab, ella los escondió del rey. Poco después el rey envió mensajeros a su casa para averiguar acerca de los espías. Rajab los envió de regreso con una pista falsa y luego les declaró su fe a los espías (Josué 2:11). Después de esto, llegó a un acuerdo con ellos para que la perdonaran a ella y a su familia cuando los ejércitos invadieran el país.

Rajab es la razón por la que el ejército de Josué logró la victoria en Jericó, e incluso se la menciona en la genealogía de Jesús. Ella nos recuerda que los actos audaces en un momento de gran necesidad pueden marcar la diferencia.

Al igual que Rajab, tenemos que experimentar un momento en el que comprendamos plenamente la realidad de Dios y su poder para redimirnos.

MARÍA DE BETANIA

Pero una sola cosa es necesaria. María ha escogido la mejor parte, y nadie se la quitará.

LUCAS 10:42 RVC

María hizo dos cosas: se sentó a los pies de Jesús y lo escuchó mientras su hermana Marta se agobiaba por recibir a todos los invitados. Cuando Marta le dijo a Jesús que su hermana no la ayudaba, Jesús la defendió: "María ha escogido la mejor [parte] y nadie se la quitará" (Lucas 10:42).

Al acercarse a Jesús y estar pendiente de cada una de sus palabras, María nos da un retrato de cómo debemos venir a Jesús con hambre espiritual, sabiendo que Él es el único que satisface nuestros anhelos más profundos.

La historia de María ilustra maravillosamente la profundidad de conocer a Jesús, amarlo con todo el corazón y abrazarlo intelectualmente con la mente.

MARTA DE BETANIA

Marta dijo: "Sí, Señor; yo creo que tú eres el Cristo, el Hijo de Dios, el que había de venir al mundo".

JUAN 11:27

Mientras Marta y María lloraban la muerte de su hermano Lázaro, recibieron la noticia de la llegada de Jesús, y Marta corrió a su encuentro. Desconsolada, ella reconoció el poder de Jesús para curar e incluso devolverle la vida a Lázaro.

Cuando Jesús se reveló como la resurrección y la vida, Marta respondió con una confesión de fe sin reservas, que se hace eco de la confesión de Simón Pedro cuando le dice a Jesús: "Tú eres el Cristo, el Hijo del Dios viviente" (Mateo 16:16). En fe y en confianza, Marta creía que nunca sería demasiado tarde para que Dios actuara. Su confianza en Jesús era ilimitada y eso nos recuerda que en Cristo todo es posible.

Su fe le decía algo más: que el Mesías prometido no era solo un hombre, sino que de alguna forma misteriosa participaba de la vida misma de Dios.

MARÍA, MADRE DE JESÚS

...porque el Poderoso ha hecho grandes cosas por mí. ¡Santo es su nombre!

LUCAS 1:49

Después de que Gabriel le diera la noticia a María de que daría a luz al Salvador del mundo, ella cantó sobre la bondad de Dios. Su atención no se centraba en el bebé que estaba por nacer, sino en la fidelidad de Dios, que le había dado una misión celestial. Todos entenderíamos si se sintiera abrumada por la magnitud de su tarea, pero en lugar de eso se pronunció en confianza en su misericordia, recordando tanto las acciones que había visto como las promesas que aún estaban por cumplir. María declaró: "Hizo proezas con su brazo" (Lucas 1:51) y "a los hambrientos los colmó de bienes" (Lucas 1:53).

En nuestros momentos de incertidumbre, también podemos unirnos al coro que proclama la fidelidad de Dios.

María ya no volvería a ver el mundo de la misma manera, y no se lo guardó para sí misma: lo proclamó.

MARÍA, LA MADRE DE JESÚS, Y SU PETICIÓN

*Su madre dijo a los sirvientes: "Hagan
lo que él les ordene".*

JUAN 2:5

María desempeñó un papel decisivo en la primera demostración pública del poder milagroso de Jesús. Ella y Jesús, junto con sus discípulos, asistieron a una boda en Caná. Cuando el vino se acabó, María llamó la atención de Jesús. Ella sabía de lo que Jesús era capaz. Al principio, Él sugirió que aún no era el momento de comenzar su ministerio público así que, en lugar de seguir presionándolo, María simplemente instruyó a los sirvientes para que hicieran lo que Él les dijera. Jesús convirtió el agua en un vino tan bueno que dejó a todos asombrados.

María nos desafía a llevarle a Jesús incluso nuestras necesidades más pequeñas y a hacer lo que Él nos pida.

*Aquel día, Jesús dio el siguiente paso en su ministerio,
acercándose un poco más a la muerte brutal que prepararía
el camino para la salvación de un mundo perdido.*

MARÍA, LA MADRE DE JESÚS, Y SU ESPERA EN ORACIÓN

*Aquí tienes a la sierva del Señor —contestó
María—. Que él haga conmigo como me has dicho.
Con esto, el ángel la dejó.*

LUCAS 1:38

Después de que Jesús fue crucificado, resucitó y ascendió al cielo desde el Monte de los Olivos, los discípulos regresaron a Jerusalén y al aposento alto donde se habían reunido antes. María se unió a ellos en oración. Juntos, esperaron el don del Espíritu Santo. Esta era exactamente el tipo de oración que María había ejemplarizado durante toda su vida. Toda su relación con Dios había sido la de esperar a que se cumplieran sus promesas, incluso cuando parecían imposibles según los criterios humanos. ¿Quién mejor que ella para mostrar un ejemplo de vida a los discípulos de Jesús, y ahora a nosotros, sobre cómo es la verdadera espera en oración?

*La vida de María, basada en la oración y la paciencia, les
mostró a los primeros cristianos que el único camino hacia
la alegría duradera era a menudo a través del dolor y
la espera en oración.*

MARÍA MAGDALENA

Así que, si el Hijo los libera, serán ustedes verdaderamente libres.

JUAN 8:36

María Magdalena fue una parte importante de la vida de Jesús. Sin embargo, el evangelio de Lucas muestra un detalle revelador: esta era la María de la que habían salido siete demonios (Lucas 8:2). Jesús dijo que quien había experimentado el mayor perdón amaría más, y María parece haber amado a Jesús con apasionada devoción.

En los cuatro evangelios, María Magdalena aparece como testigo de la crucifixión, y en el de Juan dice que fue la primera testigo de la muerte de Jesús. María Magdalena nos recuerda que nadie está fuera de la sanidad y la redención de Dios.

Desde el principio, Él vio a las mujeres que le seguían como hijas amadas de Dios que merecían una oportunidad de conocer y seguir a su Padre celestial.

EL NOMBRE QUE MARÍA MAGDALENA LE DA A JESÚS

"María", dijo Jesús. Ella se volvió y exclamó:
"¡Raboni!" (que en hebreo significa "Maestro").

JUAN 20:16

En la Biblia, el uso de un nombre es la forma más poderosa de establecer una conexión. Ser conocido y visto por Dios es ser amado incondicionalmente, y eso fue lo que María Magdalena descubrió en la tumba de Jesús. Cuando se asomó al interior, vio a dos ángeles que le preguntaron por qué lloraba. Ella les dijo que el cuerpo de Jesús había desaparecido, pero entonces se dio vuelta y vio al Señor. Al principio no lo reconoció, hasta que Él dijo su nombre. Fue entonces cuando ella gritó: "¡Raboni!".

"Raboni" era un título afectuoso, como decir, "mi maestro querido". Nosotros también podemos clamarle a Jesús como nuestro querido maestro, salvador y amigo.

Jesús tiene que ser nuestro maestro, alguien con quien
tengamos una relación bidireccional.

EL ANUNCIO DE MARÍA MAGDALENA

María Magdalena fue a dar la noticia a los discípulos. "¡He visto al Señor!", exclamaba, y les contaba lo que él le había dicho.

JUAN 20:18

Cuando María Magdalena descubrió la tumba vacía en la primera mañana de Pascua, corrió a contárselo a los discípulos. Pedro y Juan, conmocionados, corrieron a inspeccionar la tumba abierta y volvieron a casa, mientras María Magdalena se quedaba llorando. Entonces el Jesús resucitado la saludó y le ordenó que fuera a contárselo a los demás discípulos.

María Magdalena les comunicó la increíble noticia: "¡He visto al Señor!" (Juan 20:18). Como mujer, se le confió la mayor noticia de todos los tiempos —la resurrección de Jesucristo— y el mundo nunca más volvió a ser el mismo. A nosotros también se nos ha confiado compartir esta increíble noticia dondequiera que vayamos.

Hay una antigua tradición cristiana que llama a María la "apóstol de los apóstoles", porque fue ella quien les comunicó la noticia de la resurrección.

LA MUJER ACUSADA

Jesús dijo: "Tampoco yo te condeno.
Ahora vete, y no vuelvas a pecar".

JUAN 8:11

Una mujer acusada de adulterio fue arrastrada ante Jesús mientras Él enseñaba en el atrio del templo. Los líderes religiosos querían saber si debían apedrear a la mujer según la ley. En vez de morder el anzuelo, Jesús respondió: "Aquel de ustedes que esté libre de pecado, que tire la primera piedra" (Juan 8:7). Volvió contra ellos la falsa piedad de la multitud. Uno a uno, fueron desapareciendo, hasta que solo quedaron Jesús y la mujer. Entonces Jesús le dijo que tampoco la condenaba, que quedaba libre y que no volviera a pecar.

Jesús le concedió dignidad y una segunda oportunidad, como lo hace con cada uno de nosotros.

Jesús específicamente confrontó amorosamente a la mujer
y la redirigió hacia una nueva vida.

LA MUJER SAMARITANA

La mujer dijo: "Señor, ni siquiera tienes con qué sacar agua y el pozo es muy hondo; ¿de dónde, pues, vas a sacar esa agua viva?".

JUAN 4:11

La conversación más larga que Jesús tuvo con una mujer en la Biblia fue con la samaritana en el pozo. Cuando Jesús, un hombre judío, le pidió un poco de agua, la mujer se sorprendió con que tan solo le hablara. Jesús le respondió que, si realmente supiera quién era el que le había pedido el agua, ella se la habría pedido a Él, y entonces él le daría agua viva. Desbordante de curiosidad, la samaritana preguntó humildemente por esa agua, y en respuesta Jesús se reveló a sí mismo como el agua viva, tanto para ella como para nosotros hoy.

La mujer se convirtió en la primera evangelizadora del pueblo samaritano, llevando a muchos a creer en Jesús y enseñándonos que nosotros también podemos compartir la buena nueva con cualquiera, en cualquier lugar y momento.

A veces sentimos lo mismo cuando nos encontramos con Jesús en el pozo. Eso significa acercarnos a las páginas de la Escritura o en humilde oración y sentarnos con Él allí.

LA VIUDA DE NAÍN

Al verla, el Señor se compadeció de ella
y le dijo: "No llores".

LUCAS 7:13

Cuando Jesús y sus discípulos se acercaban a la ciudad de Naín, se encontraron con una mujer en una situación devastadora, marchando en un cortejo fúnebre. No tenía marido y había perdido a su único hijo, probablemente la única persona que podía mantenerla y velar por ella. Jesús vio a esta mujer y su corazón se compadeció. "No llores", le dijo (Lucas 7:13). Entonces Jesús se acercó y tocó el ataúd, y el joven volvió a la vida.

No solo somos testigos de un milagro que desafía a la muerte, sino también de la profunda bondad de Jesús para con las mujeres de todo el mundo —incluidas nosotras— que se enfrentan a duras etapas de dolor y angustia en su vida.

Cristo estaba tan conmovido que se acercó a esta mujer y convirtió
su pesadilla en algo que nunca podría haberse imaginado.

LA VIUDA Y SU OFRENDA

Porque todos ellos dieron de lo que les sobraba; pero ella, de su pobreza, echó todo lo que tenía, todo su sustento.

MARCOS 12:44

Sentados cerca de la ofrenda del templo, Jesús y los discípulos observaban cómo la gente hacía sus generosas donaciones para que todo el mundo las viera. Mientras tanto, una humilde viuda se acercó a la caja de las ofrendas con dos pequeñas monedas. Aunque era la que menos ofrecía, se convirtió en la mayor heroína.

Jesús les explicó a sus discípulos que, mientras todos los demás daban de su abundancia, esta mujer había dado de su extrema escasez. La viuda, tan anónima que ni siquiera sabemos su nombre, fue la que Cristo eligió para revelar la verdadera generosidad. Ella nos desafía a reflexionar sobre el verdadero propósito de dar.

Esta viuda, tan anónima que ni siquiera sabemos su nombre, es la que Cristo eligió para mostrarnos la verdadera generosidad.

LA SUEGRA DE PEDRO

*Él se acercó, la tomó de la mano y la ayudó
a levantarse. Entonces se le quitó la fiebre
y comenzó a servirles.*

MARCOS 1:31

Después de enseñar en el Sabat, Jesús fue a casa de uno de sus discípulos. Allí, la suegra de Pedro estaba en cama con fiebre alta. Al ver esta enfermedad, Jesús no dudó e hizo tres cosas: se acercó a ella, le tomó la mano y la ayudó a levantarse (Marcos 1:31). Al instante, la mujer quedó curada y respondió sirviendo a Jesús y a los discípulos.

Esta mujer no solo nos da un poderoso ejemplo de cómo responder a la obra sanadora de Dios en nuestras vidas, sino que también nos recuerda que, aun cuando sufrimos, Jesús está dispuesto a venir a nosotros, a tomarnos de la mano y a ayudarnos.

*A lo largo del Nuevo Testamento, las mujeres están
en el centro de muchas de las lecciones de Jesús.*

LA MUJER QUE NO PODÍA CAMINAR

Cuando Jesús la vio, la llamó y dijo: "¡Mujer, eres libre de tu enfermedad!".

LUCAS 13:12 RVR60

Jesús estaba enseñando en el Sabat, cuando se encontró con una mujer que había estado lisiada durante dieciocho años y que no había podido mantenerse en pie durante todo ese tiempo. Sin embargo, "Jesús la vio" (Lucas 13:12).

¿Cuántas personas probablemente habían apartado la mirada de esta mujer, evitando el contacto visual y la conversación? Recuerda que en aquella época mucha gente veía la enfermedad como un castigo por el pecado. Jesús la miró a los ojos y la llamó: "¡Mujer, quedas libre de tu enfermedad!". Entonces Él la tocó e inmediatamente ella se enderezó y comenzó a alabar a Dios. Ella nos recuerda que Jesús no deja que nada se interponga en su camino hacia la sanidad.

¡Imagínate su alegría! No solo que el mismo Jesús la había visto y la había llamado delante de todos en la sinagoga, sino que además la había liberado.

LA SANIDAD DE LAS MUJERES EN SABAT

Cuando razonó así, quedaron humillados todos sus adversarios, pero la gente estaba encantada de tantas maravillas que él hacía.

LUCAS 13:17

Jesús realizó muchas de sus curaciones en sábado, lo que lo hizo profundamente impopular ante muchos líderes religiosos de la época. Jesús se ocupaba de los asuntos de su Padre, incluso si eso significaba romper barreras religiosas. Esto era cierto tanto para la suegra de Pedro como para la mujer que no podía caminar.

La gente estaba encantada, pero los líderes indignados lo criticaban. En respuesta, Jesús preguntó por qué ellos le daban de beber a los animales en el Sabat y se negaban a liberar a una mujer que llevaba años de dolor y angustia. La mujer reveló una de las lecciones más importantes de Jesús: no se puede dar prioridad a las normas legalistas por encima de las personas y de las vidas reales que necesitan cuidado y redención.

El jefe de la sinagoga estaba "indignado" porque Jesús había sanado a alguien en sábado. ¿Cómo se atrevía?

LA GENTE ESTABA

encantada

CON SUS

maravillas

LA MUJER QUE LO TOCÓ

Y enseguida la fuente de su sangre se secó; y sintió en el cuerpo que estaba sana de aquel azote.

MARCOS 5:29 RVR60

Jesús se encuentra con una mujer cuyo nombre nunca sabremos. Había sufrido hemorragias durante doce largos años. Según la costumbre, ella no podía adorar en un templo, y muchos la habrían considerado impura. Esto probablemente significaba que no podía siquiera tocar a las personas que más amaba: su propia familia y amigos. Ella había oído hablar de las curaciones de Jesús (Marcos 5:27), y se acercó lo suficiente como para tocar el borde del manto del sanador.

Con un solo un roce de sus dedos, "al instante, cesó su hemorragia y se dio cuenta de que su cuerpo había quedado libre de esa aflicción" (Marcos 5:29). En efecto, cuando tendemos la mano hacia Jesús todo puede cambiar en un instante.

Después de más de una década de sufrimiento, malas noticias y ruina financiera, finalmente fue libre, sanada en un instante, todo porque se atrevió a pedirle ayuda a Jesús cuando toda solución humana había resultado nada más que en pérdida y desesperación.

SINTIÓ EN EL cuerpo QUE ESTABA SANA

LA MUJER QUE DIJO TODA LA VERDAD

¡Hija, tu fe te ha sanado! —dijo Jesús—. Vete en paz.

LUCAS 8:48

Cuando la mujer que había sangrado por doce años alcanzó el borde del manto de Jesús, quedó sana. Pero ahí no termina la historia; Jesús sabía lo que había pasado y preguntó quién lo había tocado.

La mujer se acercó a Jesús temblando de miedo, se postró ante Él y le dijo toda la verdad (Marcos 5:33). Solo Él podía saber en aquel momento cuánto ella había sufrido o cómo se había acercado valientemente a Él. En todos los relatos de los evangelios Él la llamó "hija" y dijo que su fe la había curado. Como a esta mujer, Jesús nos invita a decir toda la verdad, a experimentar la sanidad y a irnos en paz.

Jesús no veía a las mujeres como indefensas. Miró a la mujer con hemorragia y vio a una mujer con una fe, un coraje y una capacidad de acción extraordinarios. Vio a una digna hija de Israel.

LA HIJA DE JAIRO

Pero él la tomó de la mano y dijo: "¡Niña, levántate!".

LUCAS 8:54

Jairo se arrojó a los pies de Jesús, suplicando por la vida de su hija. Pero pronto llegaron noticias de su muerte, y entonces Jesús respondió: "No tengas miedo; nada más cree y ella será sanada" (Lucas 8:50). Jesús se dirigió a la casa de la niña, la tomó de la mano y le dijo que se levantara.

Imagínate lo que debió de ser ese momento para la niña: abrir los ojos de repente, encontrarse rodeada de gente que lloraba su muerte... y mirar a los ojos del hombre que acababa de resucitarla. La niña que murió fue empoderada por Cristo, y hoy, Él hace lo mismo por nosotros.

Era la encarnación viva de un milagro, una historia que ella y su familia llevarían de por vida, y un recordatorio del extraordinario poder de Dios.

LA MUJER DE PROVERBIOS 31

Fuerza y honor son su vestidura; y se ríe de lo por venir.

PROVERBIOS 31:25 RVR60

A lo largo del libro de los Proverbios, la sabiduría se personifica como una mujer. No es de extrañar que el último capítulo de Proverbios sea un poema sobre una mujer audaz y sabia en acción. Comercia, invierte, gestiona y hace negocios. También honra su hogar, cuida de todos los que están a su cargo y muestra compasión por todos. Es trabajadora y buena administradora de sus recursos.

Proverbios 31 encarna la sabiduría en acción y se convierte en un ejemplo para todos nosotros de que, con la ayuda de Dios, podemos vivir estas palabras: "Fuerza y honor son su vestidura; y se ríe de lo por venir" (Proverbios 31:25).

Quien piense que las mujeres del Antiguo o del Nuevo Testamento tenían un papel secundario, no ha estado prestando atención. La mujer descrita en Proverbios 31 es el ejemplo perfecto.

SOBRE LA AUTORA

SHANNON BREAM es la presentadora del programa *FOX News Sunday*, del canal Fox News. Es autora de los bestsellers del *New York Times*, *Las mujeres de la Biblia nos hablan* y *Las madres e hijas de la Biblia nos hablan*. Es corresponsal en jefe de legales para esa red, y presentadora de *Livin' with Bream*, un pódcast de Fox News Radio. Shannon ha cubierto una amplia variedad de historias de alto perfil, incluyendo las elecciones presidenciales de 2016, el testimonio de James Comey ante el Congreso en 2017, así como decisiones clave de la Corte Suprema como Obergefell y la Ley de Defensa del Matrimonio. Se licenció en Derecho con honores por la Facultad de Derecho de la Universidad Estatal de Florida y vive en Washington, DC.

SOBRE LA ILUSTRADORA

HAZEL KARKARIA es diseñadora gráfica y artista de *lettering* radicada en la India. Además de un profundo amor por la tipografía, es una gran apasionada de la naturaleza y la comida, y trata de entrelazar estos temas con su trabajo.